[Longuette]

VENTE

D'OBJETS

DE LA CHINE & DU JAPON

Les Mercredi 16 et Jeudi 17 Décembre 1863

Me CHARLES PILLET, Commissaire-Priseur.

M. FEBVRE, Expert.

RENOU ET MAULDE

IMPRIMEURS DE LA COMPAGNIE DES COMMISSAIRES-PRISEURS

Rue de Rivoli, 144

CATALOGUE

D'OBJETS

De la Chine et du Japon

RAPPORTÉS RÉCEMMENT PAR M. X***

Vase de grande dimension en émail cloisonné

JADE, CRISTAL DE ROCHE & PIERRES DURES

BRONZES CHINOIS ET JAPONAIS

PORCELAINES DE CHINE & DU JAPON

et quantité de divers objets

DONT LA VENTE AUX ENCHÈRES PUBLIQUES AURA LIEU

HOTEL DES COMMISSAIRES-PRISEURS

Rue Drouot, n° 5

SALLE N° 3

Les Mercredi 16 et Jeudi 17 Décembre 1863, à une heure.

Par le ministère de **Me Charles PILLET**, C^{re}-Priseur,
rue de Choiseul, 11,
Assisté de **M. FEBVRE**, Expert, rue Laffitte, 12,
Chez lesquels se distribue le présent Catalogue.

EXPOSITION PUBLIQUE

Le Mardi 15 Décembre 1863, de 1 heure à 5 heures.

1863

CONDITIONS DE LA VENTE

Elle sera faite au comptant.

Les acquéreurs paieront en sus des adjudications, cinq pour cent, applicables aux frais.

DES OBJETS

—⟪⟪⟨◊⟩⟫⟫—

ÉMAUX CLOISONNÉS

1 — Grand et beau vase en émail cloisonné de Chine, de l'époque des Myng, col long et évasé, anses à jour en bronze doré et émaillé en taille d'épargne ; il est décoré de fleurs de couleur sur fond bleu-turquoise ; autour du centre et de la base règnent deux frises de feuilles lancéolées émaillées vert ; le support est formé par trois dragons en bronze. Sous le fond se trouve un cartouche entouré de deux dragons en relief et dorés, il porte des caractères.

2 — Très-beau et grand brûle-parfums en émail cloisonné de Chine fond bleu-lapis semé de fleurs et de feuilles alternées de chauves-souris ; les anses surélevées et à jour reposent ainsi que les pieds, sur des mascarons en bronze doré représentant des têtes de tigres. Le socle, ainsi que le couvercle, sont en bois de fer très-finement sculptés à jour.

3 — Deux jardinières de forme lobée en émail
cloisonné de Chine , beau décor de fleurs de
diverses couleurs se détachant sur un fond
d'un beau bleu turquoise.

4 — Brûle-parfums à anses et à couvercle en émail
cloisonné de Chine; décor de rinceaux et
de frises , pieds à mascarons en cuivre
doré, et socle en bois de forme triangu-
laire.

5 — Jardinière en émail cloisonné ayant la forme
d'une corbeille entourée de torsades en
cuivre doré : décor très-fin de fleurs bleue
sur fond rouge.

6 — Une autre plus grande, même genre que la précédente, différant par le décor, qui offre des
fleurs de tons variés.

7 — Jardinière de forme contournée en cuivre re-
poussé et émaillé à gouttelettes fond bleu
turquoise.

8 — Deux vases forme balustre, même genre de décor que la précédente; anses à jour en
bronze doré représentant des chimères.

9 — Vase en bronze plaqué d'argent, très-riche-
ment niellé d'émail noir. Pièce très-rare, de
travail chinois.

10 — Vase à col évasé en émail de Chine, fond chamois, avec fleurs et médaillons de chasses.

11 — Sceptre en cuivre doré et émaillé à gouttelettes
fond lilas clair, ornements formés par d'anciens caractères chinois alternés de chauves-
souris, emblême de la richesse.

12 — Autre sceptre semblable au précédent.

JADES & CRISTAUX DE ROCHE

13 — Très-beau vase en jade blanc, à panse aplatie
ornée de frises très-fines représentant des
oiseaux, des rosaces et des feuillages, anses
à jour avec groupe de fruits.

14 — Cippe en jade blanc d'une belle matière, la
panse, entourée d'un paysage, se dessine
à haut-relief.

15 — Un cippe en jade vert orné de paysages et
de figures sculptés.

16 — Grande et belle coupe en jade blanc; à l'intérieur et à l'extérieur, beaux décors à haut-
relief de fleurs, fruits et paysages; anses
à anneaux mobiles surmontés de papil-
lons.

17 — Coupe en jade blanc sculpté, formée par une
feuille de lotus avec ses fruits. Socle en bois
très-finement sculpté.

18 — Petite boîte à parfums en jade blanc, ornée de
frises à jour.

19 — Une coupe en jade vert sculpté, forme d'un
fruit.

20 — Groupe en jade blanc représentant un oiseau
fantastique tenant une branche de fruits.
Belle pièce reposant sur un socle en bois
sculpté incrusté d'argent.

21 — Petit vase à fleurs, à panse aplatie, reposant
sur un oiseau fantastique.

22 — Charmante petite coupe en jade blanc, avec
couvercle, le décor offre des rinceaux très-
finement évidés à jour ; elle repose sur un
socle en bois d'une sculpture très-fine.

23 — Groupe de trois personnages en jade blanc
Philosophe et Enfants

24 — Petit flacon en jade blanc, avec ornements
à jour.

25 — Petite coupe en jade blanc, anses à jour, décor
en relief imitant des clous ; couvercle en
bois sculpté à jour.

26 — Cippe en jade vert sculpté.

27 — Trois amulettes en jade vert émeraude sculpté,
représentant des fruits et des animaux. Matière très-précieuse.
Ce lot sera divisé.

28 — Philosophe dormant. Figurine en cristal de
roche.

29 — Figurine en cristal de roche représentant une
Divinité debout.

30 — Petit vase en cristal de roche ayant la forme d'une tulipe.

31 — Petite coupe en cornaline ayant la forme d'une feuille de nénuphar.

32 — Deux coupes rondes évidées, en agate orientale.

33 — Deux coupes rondes semblables aux précédentes. Même matière.

34 — Une coupe en agate orientale, plus grande.

35 — Une petite coupe, forme tasse, avec anse prise dans la masse, agate orientale.

36 — Grande figurine de philosophe, en réalgar. Dimension rare.

BRONZES

37 — Grand et beau tyng en bronze chinois, reposant sur un socle en même matière. Les quatre faces sont richement ornées d'arabesques en relief, et le couvercle, repercé à jour, est surmonté du chien de Fô.

38 — Grande figurine en bronze damasquiné d'argent, représentant la déesse *Kouan-Yin*, portant dans sa main le fruit du mango ; près d'elle, un chevreuil supporte un vase. Sur le revers de sa robe se trouve la signature de l'artiste.

39 — Brûle-parfums en bronze chinois damasquiné
d'argent, de forme ronde, anses surélevées,
reposant sur un socle en bois de fer ; le couvercle, également en bois de fer, est surmonté d'un bouton en cornaline rouge et
blanche.

40 — Tyng en bronze de Chine, avec pieds élevés reposant sur une terrasse à jour en bois de fer
très-finement sculpté ; couvercle même
genre que le pied, avec bouton en jade.
Très-belle patine.

41 — Vase en bronze de Chine, forme balustre à
panse aplatie, enrichie de dessins d'argent
très-finement damasquinés. Au revers, la signature de l'artiste.

42 — Coupe à anses en bronze chinois avec décor de
frises offrant des inscriptions en anciens caractères *tartare-mantchou*, couvercle en bois
avec bouton en jade.

43 — Tyng en bronze chinois, damasquiné d'argent sur toutes les parties, couvercle en bois
couronné d'un bouton en jade blanc dé-
coupé à jour.

44 — Vase en bronze antique chinois, le haut et la
base décorés de frises en argent damasquiné.

45 — Petit brazero antique en bronze chinois. Il offre
une coupe à fond doré avec personnage al-

légorique gravé ; il repose sur une frise dé-
coupée à jour, alternée de figures en dorure
martelée et d'ornements repercés à jour.

46 — Figurine en bronze représentant un guerrier.
Quelques parties des vêtements sont dorées.
Pièce antique reposant sur un socle en bois
de fer sculpté.

47 — Petite coupe en bronze chinois, très-belle patine ; elle est ornée d'anciens caractères damasquinés d'argent. Petit échantillon da-
mateur.

48 — Vase antique en bronze chinois, ayant la forme
d'une bouteille à col gonflé ; il est entouré
d'un dragon en ronde bosse et doré.

49 — Deux petites théières en bronze du Japon.

50 — Une petite lampe en bronze du Japon ; animal chimérique dominant une coupe.

51 — Petite théière en bronze du Japon, enrichie
d'incrustations en argent.

PORCELAINES

52 — Grand vase à grosse panse avec col évasé et
gonflé, décor de fruits et de fleurs saillant
sur fond blanc.

53 — Vase en porcelaine de Chine à quatre pans, très-riche décor de frises et de médaillons de paysages et animaux, décor varié en jaune impérial, bleu, rouge et vert. Une des anses recollée.

54 — Grande bouteille en porcelaine émail bleu turquoise très-finement craquelé.

55 — Grand vase balustre à col droit, fond blanc à larges craquelures sur lequel sont des personnages et des accessoires émaillés en couleur, en haut et à la base, grandes palmettes rouges et vertes.

56 — Grand vase balustre décor bleu à personnages sur fond blanc craquelé ; anses à trompes d'éléphants en biscuit noir.

57 — Petite gourde à panse aplatie, anses à jour, fond jaune avec médaillons à rosaces bleues.

58 — Grand vase de forme cylindrique, décor d'animaux et de fleurs bleues sur fond blanc.

59 — Petite coupe en ancienne porcelaine de Chine, époque des *Myng*. Très-joli décor rose bleu et vert entourant des médaillons jaune impérial sur lesquels sont des caractères chinois en émail noir.

60 — Petite vasque en porcelaine de Chine, fond craquelé et jaspé de nuages bleus et chamois. Bonne pièce d'échantillon.

61 — Jardinière fond jaune émaillé avec frises en relief et anses à têtes de tigres; l'intérieur également émaillé jaune.

62 — Vase orné de médaillons de personnagee et
feuillages émaillés.

63 — Vase cylindrique, fond bleu Perse, avec médaillons offrant des paysages, des vases et
autres accessoires.

64 — Chimère accroupie, fond violacé et jaspé rouge;
elle repose sur un socle en bois sculpté.

65 — Vase à grosse panse, décor jaspé de nuages
bleu et olive sur fond blanc, anses à mascarons; au revers, la date du règne.

66 — Jardinière en céladon craquelé, décor flambé
gris violacé.

67 — Vase en céladon à panse ornée de feuillages et
de fleurs réservés en creux et émaillés en
couleur sur fond bleu turquoise craquelé,
très-ancienne qualité, socle et couvercle en
bois de fer sculpté.

68 — Bouteille à quatre pans, décor bleu, à oiseaux
sur fond blanc.

69 — Bouteille en porcelaine bleu turquoise jaspée
de violet, très-finement craquelée.

70 — Vase hémisphérique en céladon craquelé, décoré de six cartouches de fleurs et de poissons émaillés en couleur bistre.

71 — Petit vase forme de gargoulette à gorge lon-
gue et col gonflé, décor de chevaux dans
des paysages.

72 — Deux vases de forme cylindrique à col étranglé, beau décor avec personnages allégori-
ques.

73 — Vase à fleurs, forme balustre, panse aplatie,
anses à jour, décor avec médaillons de mandarins en bleu sur fond blanc.

74 — Petit vase hexagone à grosse panse et à côtes,
col à festons. Bel émail flambé et jaspé.

75 — Vase fond gris avec saules et bambous se
détachant en noir, puis des grues réservées en blanc ainsi que les bordures qui or-
nent le haut et le bas de la pièce.

76 — Grand vase à ailerons fond bleu avec frises et
rosaces réservées en blanc.

77 — Deux plats en porcelaine du japon, décor laqué
rouge avec ornements vert et or.

78 — Vase forme bouteille en porcelaine de Chine à
col gonflé, fond bleu turquoise, jaspé violet.

79 — Petit vase à anses, de forme aplatie, charmant
décor offrant des rosaces superposées entou-
rées de filets verts.

80 — Petit vase potiche en porcelaine craquelée
de Chine, fond blanc, décor à feuillages
et médaillons de personnages se dessinant
en bleu; pâte fine et légère.

81 — Belle bouteille fond jaune parsemé de fleurs et animaux émaillés en couleur.

82 — Deux plats fond jaune à décor de fleurs émaillées.

83 — Petite bouteille fond bleu turquoise, fines craquelures.

84 — Jardinière de forme droite, décor de personnages émaillés en couleur sur fond blanc.

85 — Vase cylindrique, décor bleu sur fond blanc, près du col, quatre anses à jour.

86 — Brazero en bocaro, fond vert uni craquelé.

87 — Vase de forme sphérique écrasée, très-beau décor imitant celui des émaux cloisonnés.

88 — Petit vase fond émail de couleur olive sur lequel se détache en couleur et en relief un animal fantastique.

89 — Petit vase en porcelaine de Chine, gris perle craquelé.

90 — Deux petits vases appliqué, décor jaune impérial avec fleurs en rouge de cuivre.

91 — Petit vase sphérique, décor de fleurs sur fond blanc.

92 — Pitong fond bleu Perse rehaussé d'or et de fleurs émaillées.

93 — Jardinière, très-joli décor bleu sur fond blanc.

94 — Deux vases de forme droite à fleurs bleues en relief sur fond blanc craquelé.

95 — Petit vase en céladon craquelé fond gris.

96 — Vase fond bleu lavé, avec anses à trompes d'éléphants.

97 — Vase forme balustre en porcelaine craquelée fond bleu, autour du col des animaux accroupis.

98 — Petite coupe forme sphérique, fond vert clair à grandes craquelures, pièce rare.

99 — Vase balustre bleu Perse foncé.

100 — Vase balustre fond blanc craquelé, décor de paysage et de personnages.

101 — Vase à grosse panse, jaspé de bleu et de violet et très-finement craquelé.

102 — Potiche, décor à personnages, scènes de la vie privée.

103 — Vase forme balustre en porcelaine de Chine à huit côtes et anses à jour, décor bleu Perse lavé.

104 — Petit bassin en grès émaillé bleu de roi, anses élevées et à jour, la base détachée et contournée en même matière.

105 — Deux petits porte-bouquets de forme évasée, décor fond vert émaillé avec branchages, fleurs et poissons.

106 — Très-beau vase en porcelaine, fond blanc jaspé de bleu, de vert clair et très-finement craquelé, Bonne pièce.

107 — Figurine de comédien chinois en terre cuite,
il est enveloppé d'une large draperie émail-
lée rose.

109 — Deux coupes à piédouche, de forme carrée,
fond vert avec caractères violets en relief.

109 — Petit vase à col étranglé, fond bleu barbeau
décoré sous couverte de fleurs en bleu plus
foncé.

110 — Vase fond bleu lapis. Pièce très-ancienne et
fort curieuse.

111 — Vase à col étranglé en porcelaine, fond blanc
craquelé, avec double frises bleues; très-
beau socle en bois sculpté.

112 — Tyng en biscuit noir imitant le bronze.

113 — Petit vase craquelé, fond blanc jaumâtre jaspé
de violet.

114 — Petite gourde à chauffer les mains, anses par-
semées de petits trous, décor bleu sur fond
blanc.

115 — Vase cylindrique, fond blanc gaufré et craquelé, avec personnages en relief se détachant en bleu.

116 — Trois petites soucoupes en bocaro, émail vert,
très-finement craquelé.

117 — Cinq boîtes en porcelaine, décor émaillé.
Ce lot sera divisé.

118 — Petite jatte porcelaine, très-bel émail flambé
et jaspé violet, couvercle et socle en bois
finement sculpté.

119 — Deux petits vases, fond rose gravé sous émail,
ornés d'animaux fantastiques et de fleurs
émaillées en couleur.

120 — Deux vases rectangulaires, fond blanc avec
médaillons de fleurs bleues et rouge de fer

121 — Jardinière, la panse ornée de personnages,
scènes de la vie privée ; socle et couvercle
en bois sculpté.

122 — Bouteille à trois goulots accolés, en céladon
bleu jaspé.

123 — Grande boîte à couvercle, décor de mandarins,
l'intérieur et le revers émaillés bleu turquoise.

124 — Petit vase à gaudrons, fond vert camélia, à
petites craquelures. Pièce rare.

125 — Petite gourde à anses, décor à mandarins en
couleur sur fond blanc.

126 — Deux petits vases en céladon craquelé, anses
mobiles en biscuit.

127 — Flacon jaspé rose et vert sur fond jaune impérial craquelé ; charmant petit échantillon.

128 — Deux porte-allumettes en bocaro, à médaillons
de fleurs émaillées sur fond bleu lapis.

129 — Petit vase à col droit, en porcelaine, fond blanc craquelé.

130 — Pitong, fond vert gravé, sous émail, décor de fleurs.

131 — Jardinière de forme basse, fond bleu Perse lavé ; sur l'émail sont tracés des caractères chinois, il porte la marque de la dynastie des **Myng**.

OBJETS DIVERS

132 — Grande jardinière en laque rouge de Chine, décorée de beaux ornements et de paysages en relief.

133 — Boîte en bois de Sainte-Lucie, de forme lobée, elle est ornée d'appliques en bronze doré et émaillé.

134 — Six petits plateaux du plus charmant travail, laque incrusté de burgau et posé d'or, au centre, des personnages et des animaux.

135 — Six plateaux en laque avec paysages en burgau irrisé.

136 — Deux plateaux en laque rouge de Pékin, dessins à rosaces et frises gravées.

137 — Petit vase antique, en fer, entouré de dragons
et de frises en argent.

138 — Petit presse-papier en émail cloisonné, en-
châssé sur un support en ébène.

139 — Brûle-papier en porcelaine, dessins à jour,
émaillé en couleur.

140 — Quatre peintures chinoises, femmes occupées
à des travaux domestiques.

141 — Une autre, représentant un paysage.

142 — Quatre gouaches japonaises, scènes de la vie
privée.

143 — Deux boîtes du Ton-King, en bronze doré,
forme d'un sac serré par une cordelière, sur
les couvercles sont divers ornements en
relief.

144 — Un flacon en émail blanc taillé, avec appliques
à haut - relief en émail noir, représentant
des dragons.

145 — Un cachet en jade vert, formé d'un dragon reposant sur un socle ; très-belle matière.

146 — Une coupe en bronze sculpté, du Japon, de
forme ronde, reposant sur trois pieds.

147 — Les Objets omis.

Renou et Maulde, imprim. de la Compagnie des Commissaires-Priseurs,
rue de Rivoli, 144.   27771

www.ingramcontent.com/pod-product-compliance
Lightning Source LLC
LaVergne TN
LVHW011023180726
843502LV00007B/2716